CARNET DE COMPTE
À REMPLIR

Virginie FRATELLI

CE CARNET DE COMPTE CONTIENT :

POUR CHAQUE MOIS :

✓ Une double page pour le suivi mensuel,

✓ Une double page pour le suivi des dépenses quotidiennes en temps réel.

EN BONUS, À LA FIN DU CARNET :

✓ 3 pages de tableaux de suivi de chèques,

✓ 2 défis épargne,

✓ Tableau récapitulatif annuel de suivi de compte et suivi épargne.

Une surprise vous attend à la fin de ce carnet !

ASTUCE
POUR ÉPARGNER FACILEMENT CHAQUE MOIS

En début de mois, il est primordial de comptabiliser un montant à épargner dans vos dépenses fixes.

Il est à définir en fonction de vos moyens,

peu importe la somme,

le plus important étant d'épargner chaque mois.

© 2023, Virginie FRATELLI
Edition : BoD - Books on Demand, info@bod.fr

Impression : BoD - Books on Demand, In de Tarpen 42, Norderstedt (Allemagne)

Impression à la demande
ISBN : 978-2-3224-7431-8
Dépôt légal : Mai 2023

SUIVI DE COMPTE

SOLDE DU COMPTE AU 1ER .... ____ €

REVENUS

Salaire 1 ....
Salaire 2 ....
Pensions ....
Allocations ....
....
....

SOLDE + TOTAL REVENUS → ____ €

DÉPENSES FIXES

Loyer / Crédit immo	**Épargne**
Electricité	**Abonnement mobile**
Eau	**Abonnement internet**
Gaz	**Assurance auto / moto**
Mutuelle	**Crédit conso**

TOTAL DÉPENSES FIXES → ____ €

MONTANT RESTANT POUR LE MOIS
(Total des revenus moins total des dépenses fixes)
→ ____ €

DÉPENSES QUOTIDIENNES DU MOIS

Carburant ....

Alimentation ....

MONTANT RESTANT À LA FIN DU MOIS → ☐ €

EPARGNE:

Livret _____

_____

_____

NOTES:

SUIVI EN TEMPS RÉEL: MOIS DE ....

DATE	DESCRIPTIF	+/- MONTANT	SOLDE

SUIVI EN TEMPS RÉEL: MOIS DE ....

DATE	DESCRIPTIF	+/- MONTANT	SOLDE

SOLDE DU COMPTE AU 1ER .... ☐ €

REVENUS

Salaire 1 ....
Salaire 2 ....
Pensions ....
Allocations ....
....
....

SOLDE + TOTAL REVENUS → ☐ €

DÉPENSES FIXES

Loyer / Crédit immo	**Épargne**
Electricité	**Abonnement mobile**
Eau	**Abonnement internet**
Gaz	**Assurance auto / moto**
Mutuelle	**Crédit conso**
....	....
....	....
....	....
....	....

TOTAL DÉPENSES FIXES → ☐ €

MONTANT RESTANT POUR LE MOIS
(Total des revenus moins total des dépenses fixes) → ☐ €

DÉPENSES QUOTIDIENNES DU MOIS

Carburant
Alimentation

MONTANT RESTANT À LA FIN DU MOIS → ☐ €

EPARGNE:
Livret

NOTES:

SUIVI EN TEMPS RÉEL: MOIS DE ....

DATE	DESCRIPTIF	+/- MONTANT	SOLDE

SUIVI EN TEMPS RÉEL: MOIS DE ....

DATE	DESCRIPTIF	+/- MONTANT	SOLDE

SOLDE DU COMPTE AU 1ER .... ☐ €

REVENUS

Salaire 1 ....
Salaire 2 ....
Pensions ....
Allocations ....
....
....

SOLDE + TOTAL REVENUS → ☐ €

DÉPENSES FIXES

Loyer / Crédit immo	**Épargne**
Electricité	**Abonnement mobile**
Eau	**Abonnement internet**
Gaz	**Assurance auto / moto**
Mutuelle	**Crédit conso**
....	....
....	....
....	....
....	....

TOTAL DÉPENSES FIXES → ☐ €

MONTANT RESTANT POUR LE MOIS
(Total des revenus moins total des dépenses fixes)
→ ☐ €

DÉPENSES QUOTIDIENNES DU MOIS

Carburant ....

Alimentation ....

MONTANT RESTANT À LA FIN DU MOIS → ☐ €

EPARGNE:

Livret _____

_____

_____

NOTES:

_____

_____

_____

_____

SUIVI EN TEMPS RÉEL: MOIS DE ....

DATE	DESCRIPTIF	+/- MONTANT	SOLDE

SUIVI EN TEMPS RÉEL: MOIS DE ....

DATE	DESCRIPTIF	+/- MONTANT	SOLDE

SOLDE DU COMPTE AU 1ER .... €

REVENUS

Salaire 1 ....
Salaire 2 ....
Pensions ....
Allocations ....
....
....

SOLDE + TOTAL REVENUS → €

DÉPENSES FIXES

Loyer / Crédit immo .... Épargne ....
Electricité .... Abonnement mobile ....
Eau .... Abonnement internet ....
Gaz .... Assurance auto / moto ....
Mutuelle .... Crédit conso ....
....
....
....
....

TOTAL DÉPENSES FIXES → €

MONTANT RESTANT POUR LE MOIS
(Total des revenus moins total des dépenses fixes) → €

DÉPENSES QUOTIDIENNES DU MOIS

Carburant ....
Alimentation ....

MONTANT RESTANT À LA FIN DU MOIS → _____ €

EPARGNE:

Livret _____

NOTES:

SUIVI EN TEMPS RÉEL: MOIS DE ....

DATE	DESCRIPTIF	+/- MONTANT	SOLDE

SUIVI EN TEMPS RÉEL: MOIS DE ....

DATE	DESCRIPTIF	+/- MONTANT	SOLDE

SOLDE DU COMPTE AU 1ER .... [€]

REVENUS

Salaire 1 ....
Salaire 2 ....
Pensions ....
Allocations ....
....
....

SOLDE + TOTAL REVENUS → [€]

DÉPENSES FIXES

Loyer / Crédit immo	**Épargne**
Electricité	**Abonnement mobile**
Eau	**Abonnement internet**
Gaz	**Assurance auto / moto**
Mutuelle	**Crédit conso**
....	....
....	....
....	....
....	....

TOTAL DÉPENSES FIXES → [€]

MONTANT RESTANT POUR LE MOIS → [€]
(Total des revenus moins total des dépenses fixes)

DÉPENSES QUOTIDIENNES DU MOIS

Carburant ....
Alimentation ....

MONTANT RESTANT À LA FIN DU MOIS → ☐ €

EPARGNE:

Livret _____

NOTES:

SUIVI EN TEMPS RÉEL: MOIS DE ....

DATE	DESCRIPTIF	+/- MONTANT	SOLDE

SUIVI EN TEMPS RÉEL: MOIS DE ....

DATE	DESCRIPTIF	+/- MONTANT	SOLDE

SOLDE DU COMPTE AU 1ER .... €

REVENUS

Salaire 1 ....
Salaire 2 ....
Pensions ....
Allocations ....
....
....

SOLDE + TOTAL REVENUS → ☐ €

DÉPENSES FIXES

Loyer / Crédit immo	**Épargne**
Electricité	**Abonnement mobile**
Eau	**Abonnement internet**
Gaz	**Assurance auto / moto**
Mutuelle	**Crédit conso**
....	....
....	....
....	....
....	....

TOTAL DÉPENSES FIXES → ☐ €

MONTANT RESTANT POUR LE MOIS → ☐ €
(Total des revenus moins total des dépenses fixes)

DÉPENSES QUOTIDIENNES DU MOIS

Carburant ....
Alimentation ....

MONTANT RESTANT À LA FIN DU MOIS → _____ €

EPARGNE:

Livret _____

_____

_____

NOTES:

_____

_____

_____

_____

SUIVI EN TEMPS RÉEL: MOIS DE ....

DATE	DESCRIPTIF	+/- MONTANT	SOLDE

SUIVI EN TEMPS RÉEL: MOIS DE ....

DATE	DESCRIPTIF	+/- MONTANT	SOLDE

SOLDE DU COMPTE AU 1ER .... □ €

REVENUS

- Salaire 1 ....
- Salaire 2 ....
- Pensions ....
- Allocations ....
- ....
- ....

SOLDE + TOTAL REVENUS → □ €

DÉPENSES FIXES

Loyer / Crédit immo	**Épargne**
Electricité	**Abonnement mobile**
Eau	**Abonnement internet**
Gaz	**Assurance auto / moto**
Mutuelle	**Crédit conso**

TOTAL DÉPENSES FIXES → □ €

MONTANT RESTANT POUR LE MOIS
(Total des revenus moins total des dépenses fixes) → □ €

DÉPENSES QUOTIDIENNES DU MOIS

Carburant ....

Alimentation ....

MONTANT RESTANT À LA FIN DU MOIS → ☐ €

EPARGNE:

Livret _____

_____

_____

NOTES:

_____

_____

_____

_____

SUIVI EN TEMPS RÉEL: MOIS DE ....

DATE	DESCRIPTIF	+/- MONTANT	SOLDE

SUIVI EN TEMPS RÉEL: MOIS DE ....

DATE	DESCRIPTIF	+/- MONTANT	SOLDE

SOLDE DU COMPTE AU 1ER .... ☐ €

REVENUS

Salaire 1 ....
Salaire 2 ....
Pensions ....
Allocations ....
....
....

SOLDE + TOTAL REVENUS → ☐ €

DÉPENSES FIXES

Loyer / Crédit immo	**Épargne**
Electricité	**Abonnement mobile**
Eau	**Abonnement internet**
Gaz	**Assurance auto / moto**
Mutuelle	**Crédit conso**

TOTAL DÉPENSES FIXES → ☐ €

MONTANT RESTANT POUR LE MOIS
(Total des revenus moins total des dépenses fixes) → ☐ €

DÉPENSES QUOTIDIENNES DU MOIS

Carburant ....
Alimentation ....

MONTANT RESTANT À LA FIN DU MOIS → ☐ €

EPARGNE:

Livret _____

NOTES:

SUIVI EN TEMPS RÉEL: MOIS DE ....

DATE	DESCRIPTIF	+/- MONTANT	SOLDE

SUIVI EN TEMPS RÉEL: MOIS DE ....

DATE	DESCRIPTIF	+/- MONTANT	SOLDE

SOLDE DU COMPTE AU 1ER .... ☐ €

REVENUS

Salaire 1 ....
Salaire 2 ....
Pensions ....
Allocations ....
....
....

SOLDE + TOTAL REVENUS → ☐ €

DÉPENSES FIXES

Loyer / Crédit immo	**Épargne**
Electricité	**Abonnement mobile**
Eau	**Abonnement internet**
Gaz	**Assurance auto / moto**
Mutuelle	**Crédit conso**
....	....
....	....
....	....
....	....

TOTAL DÉPENSES FIXES → ☐ €

MONTANT RESTANT POUR LE MOIS
(Total des revenus moins total des dépenses fixes) → ☐ €

DÉPENSES QUOTIDIENNES DU MOIS

Carburant ....
Alimentation ....

MONTANT RESTANT À LA FIN DU MOIS → ☐ €

EPARGNE:

Livret _____

_____

_____

NOTES:

_____

_____

_____

_____

SUIVI EN TEMPS RÉEL: MOIS DE ....

DATE	DESCRIPTIF	+/- MONTANT	SOLDE

SUIVI EN TEMPS RÉEL: MOIS DE ....

DATE	DESCRIPTIF	+/- MONTANT	SOLDE

SOLDE DU COMPTE AU 1ER .... ☐ €

REVENUS

Salaire 1 ....
Salaire 2 ....
Pensions ....
Allocations ....
....
....

SOLDE + TOTAL REVENUS → ☐ €

DÉPENSES FIXES

Loyer / Crédit immo	**Épargne**
Electricité	**Abonnement mobile**
Eau	**Abonnement internet**
Gaz	**Assurance auto / moto**
Mutuelle	**Crédit conso**
....	....
....	....
....	....
....	....

TOTAL DÉPENSES FIXES → ☐ €

MONTANT RESTANT POUR LE MOIS
(Total des revenus moins total des dépenses fixes) → ☐ €

DÉPENSES QUOTIDIENNES DU MOIS

Carburant ....

Alimentation ....

MONTANT RESTANT À LA FIN DU MOIS → ⬜ €

EPARGNE:

Livret _____

_____

_____

_____

NOTES:

_____

_____

_____

_____

SUIVI EN TEMPS RÉEL: MOIS DE ....

DATE	DESCRIPTIF	+/- MONTANT	SOLDE

SUIVI EN TEMPS RÉEL: MOIS DE ....

DATE	DESCRIPTIF	+/- MONTANT	SOLDE

SOLDE DU COMPTE AU 1ER .... ☐ €

REVENUS

Salaire 1 ....
Salaire 2 ....
Pensions ....
Allocations ....
....
....

SOLDE + TOTAL REVENUS → ☐ €

DÉPENSES FIXES

Loyer / Crédit immo	**Épargne**
Electricité	**Abonnement mobile**
Eau	**Abonnement internet**
Gaz	**Assurance auto / moto**
Mutuelle	**Crédit conso**

TOTAL DÉPENSES FIXES → ☐ €

MONTANT RESTANT POUR LE MOIS
(Total des revenus moins total des dépenses fixes) → ☐ €

DÉPENSES QUOTIDIENNES DU MOIS

Carburant

Alimentation

MONTANT RESTANT À LA FIN DU MOIS → ____ €

EPARGNE:

Livret ____

NOTES:

SUIVI EN TEMPS RÉEL: MOIS DE ....

DATE	DESCRIPTIF	+/- MONTANT	SOLDE

SUIVI EN TEMPS RÉEL: MOIS DE ....

DATE	DESCRIPTIF	+/- MONTANT	SOLDE

SOLDE DU COMPTE AU 1ER .... ☐ €

REVENUS

Salaire 1 ....
Salaire 2 ....
Pensions ....
Allocations ....
....
....

SOLDE + TOTAL REVENUS → ☐ €

DÉPENSES FIXES

Loyer / Crédit immo	**Épargne**
Electricité	**Abonnement mobile**
Eau	**Abonnement internet**
Gaz	**Assurance auto / moto**
Mutuelle	**Crédit conso**
....	....
....	....
....	....
....	....

TOTAL DÉPENSES FIXES → ☐ €

MONTANT RESTANT POUR LE MOIS
(Total des revenus moins total des dépenses fixes)
→ ☐ €

DÉPENSES QUOTIDIENNES DU MOIS

Carburant ....

Alimentation ....

MONTANT RESTANT À LA FIN DU MOIS → ☐ €

EPARGNE:

Livret _____

_____

_____

NOTES:

SUIVI EN TEMPS RÉEL: MOIS DE ....

DATE	DESCRIPTIF	+/- MONTANT	SOLDE

SUIVI EN TEMPS RÉEL: MOIS DE ....

DATE	DESCRIPTIF	+/- MONTANT	SOLDE

NOTES PERSONNELLES

SUIVI DES CHÈQUES

CHÈQUE N°	DATE	MONTANT	DESTINATAIRE	DATE D'ENCAISS-EMENT

CHÈQUE N°	DATE	MONTANT	DESTINATAIRE	DATE D'ENCAISS-EMENT

CHÈQUE N°	DATE	MONTANT	DESTINATAIRE	DATE D'ENCAISS - EMENT

2 DÉFIS EPARGNE

DÉFI N° 1

Le défi 5€

Dès que vous aurez un billet de 5€ (et que vous n'en avez pas absolument besoin dans votre budget), placez le dans une petite enveloppe... et ainsi de suite.

Ceci deviendra rapidement un jeu et vous aurez hâte que l'hôtesse de caisse vous rende un billet de 5€ pour pouvoir le placer dans votre tirelire.

Vous n'êtes pas obligé de vous précipiter et de finir le challenge rapidement, même s'il vous faut 6 mois pour le fterminer, ce n'est pas grave.

Le but est de s'amuser en économisant.

Lorsque vous aurez coché toutes les cases de ce défi 5€ :

VOUS AUREZ ÉPARGNÉ 100 €

DÉFI N° 1

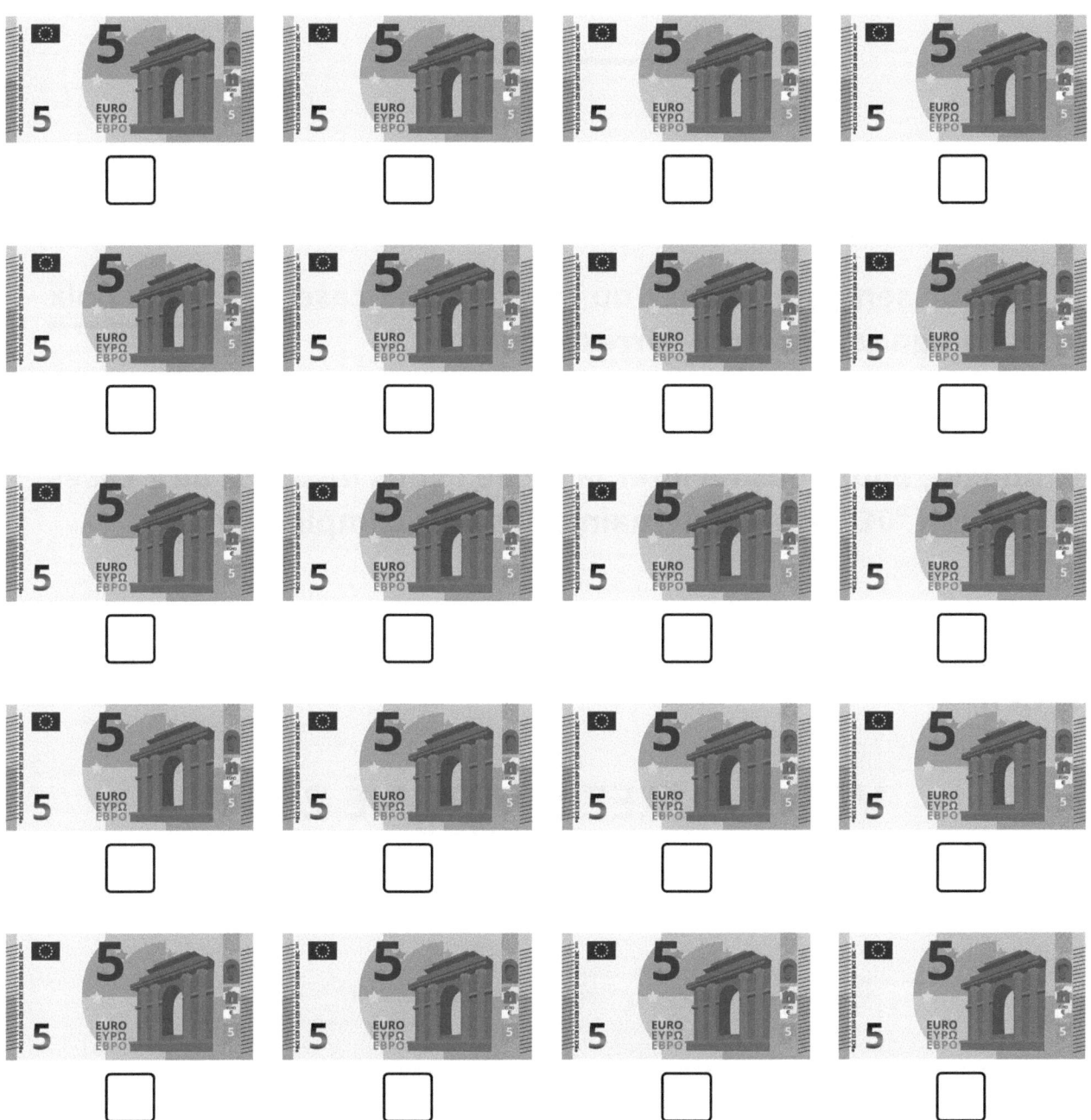

DÉFI N° 2

Le défi des 52 semaines

Sur la page de droite, vous trouverez une représentation visuelle des 52 semaines de l'année.

Chaque semaine, cochez ou coloriez une case de votre choix et épargnez la somme correspondante.

Sachant que nous ne disposons pas tous les mois du même budget, pour vous faciliter la tâche : vous disposez de 2 cases bonus à "0€" pour les semaines les plus compliquées.

Lorsque vous aurez coché toutes les cases de cette page de défi:

VOUS AUREZ ÉPARGNÉ 250 €

DÉFI N° 2

Le défi des 52 semaines

1€	1€	5€	10€	2€	1€	2€
5€	5€	4€	3€	5€	5€	5€
5€	2€	5€	2€	6€	9€	5€
1€	1€	5€	10€	2€	1€	2€
5€	5€	4€	3€	10€	5€	5€
5€	2€	5€	2€	6€	9€	5€
1€	3€	3€	1€	3€	3€	5€
		0€	50€	0€		

NOTES PERSONNELLES

JE VOUS REMERCIE SINCÈREMENT POUR VOTRE CONFIANCE.

Si vous appréciez ce carnet de compte, n'hésitez pas à laisser un commentaire sur les plateformes de vente en ligne.

En tant qu'autrice indépendante, votre soutien est très précieux.

Chaque commentaire est très important pour moi et je les lis tous avec beaucoup d'intérêt.

En laissant un avis positif, vous contribuez non seulement à promouvoir ce livre, mais vous m'encouragez également à continuer de produire de nouveaux ouvrages.

J'espère sincèrement que ce carnet vous plaira autant que j'ai pris de plaisir à le concevoir et qu'il vous permettra de réaliser de nombreuses économies!

Un grand merci d'avance !

Virginie Fratelli

Pour vous encourager sur le chemin des économies :

J'AI LE PLAISIR DE VOUS OFFRIR UN BONUS SURPRISE !

→

Flashez ce QR code pour le découvrir.

RÉCAPITULATIF ANNUEL

	SOLDE DÉBUT DU MOIS	REVENUS	MONTANT ÉPARGNÉ	DÉPENSES FIXES	DÉPENSES VARIABLES	MONTANT FIN DU MOIS	TOTAL ÉPARGNE
JANVIER							
FÉVRIER							
MARS							
AVRIL							
MAI							
JUIN							
JUILLET							
AOÛT							
SEPTEMBRE							
OCTOBRE							
NOVEMBRE							
DÉCEMBRE							